Kinderhits

AUTORIN: DAGMAR VON CRAMM | FOTOS: BARBARA BONISOLLI

Praxistipps

Umschlagklappe hinten:

Extra

Umschlagklappe vorne:

Rezepte

Das baut Ihr Kind auf

Sattmacher und Energiespritze, das sind vor allem die Kohlenhydrate. Sie finden sich in allen pflanzlichen Lebensmitteln: in Getreide – also Brot und Nudeln –, Reis, Müsli und Kartoffeln. Und in Obst und Gemüse. Supergesund lebt Ihr Kind, wenn es fünf Portionen Obst und Gemüse am Tag isst – eine davon darf reiner Saft sein. Dazu kommen noch vier Portionen Brot, Müsli, Kartoffeln, Reis oder anderes Getreide. Je natürlicher, desto besser: Roh ist Obst und Salat optimal. Gemüse und Getreide sind schonend gegart oder gebacken prima. Fertigprodukte oder ganz stark bearbeitete Lebensmittel wie weißes Mehl beziehungsweise Weißbrot oder Zucker sind nicht ganz so toll. Warum? Sie enthalten viel weniger Vitamine, Mineralstoffe und Bioaktivstoffe als das Original. Außerdem scheinen »künstliche« Lebensmittel vom Körper eher als Speck gespeichert zu werden als ihre naturbelassenen Gegenstücke. Tabu sind sie nicht – mixen Sie mit vollwertigen Gerichten.

Zum Aufbau der Körperzellen benötigen wir Eiweiß. Zur Not verbrauchen wir es auch als »Sprit« – aber das ist eigentlich Energieverschwendung. Wer genug zu essen hat, kann sich das leisten. Die besten Eiweißquellen sind Milch und Milchprodukte, Ei, Fleisch und Fisch. Vier Portionen am Tag machen Ihr Kind fit – mit Betonung auf den Milchprodukten. Pflanzen enthalten nur wenig Eiweiß – abgesehen von Pilzen und Hülsenfrüchten (zum Beispiel Linsen, Erbsen und Bohnen). Es konzentriert sich im Keim oder Samen: Getreidekeime, Nüsse, Sonnenblumen, Kürbis- und Pinienkerne, Sesam-, Mohn- und Leinsamen – wichtig für strenge Vegetarier.

Fett ist vor allem in tierischen Lebensmitteln wie Milchprodukten und Fleisch enthalten. Lebensnotwendig sind die sichtbaren Fette aus Öl – idealerweise aus Raps, Walnüssen, Sonnenblumenkernen und Soja. Versteckte Fette in Schokolade, Keksen, Sahne und Soßen sind eigentlich überflüssig – ausgenommen für den Geschmack. Bevorzugen Sie Milch und Joghurt mit 1,5 % Fett, aber »low fat« ist für Kinder überflüssig: lassen Sie Ihrem Nachwuchs die Butter auf dem Brot.

Das macht Ihr Kind fit

Vitamine und Mineralstoffe, aber auch Bioaktivstoffe, halten den Stoffwechsel Ihres Kinds auf Trab. Diese hier sind besonders wichtig:

Calcium ist einerseits Baustein von Skelett und Zähnen. Was Ihr Kind jetzt einlagert, ist sein Vorrat fürs Leben. Beste Quelle sind Milch und Milchprodukte – etwa 400 ml Milch (100 ml entsprechen 15 g Hart- bzw. 30 g Weichkäse) braucht ein Grundschulkind am Tag. Auch Nüsse und Hülsenfrüchte enthalten viel Calcium.

Eisen ist Bestandteil der roten Blutkörperchen und für die Sauerstoffversorgung und Vitalität wichtig. Das meiste Eisen ist in Fleisch enthalten. Absoluter Spitzenreiter ist Leber – ein wenig Leberwurst hilft den Bedarf decken. Wichtig: Vitamin C fördert die Aufnahme. Zu Fleisch also rohe Paprika knabbern, Schnitzel mit Zitronensaft beträufeln. Pflanzliches Eisen ist in Vollkorn und Samen.

Jod ist Teil des Schilddrüsenhormons – bei Mangel bildet sich ein Kropf. Jedes fünfte Kind in Deutschland ist unterversorgt. Da hilft jodiertes Speisesalz, Milch und Seefisch.

Fluor härtet den Zahnschmelz, stärkt Haar, Bindegewebe und Bänder. Am besten versorgt fluorhaltige Zahnpasta – denn da verschluckt Ihr Kind immer etwas mit.

Vitamin B 1 spielt die Schlüsselrolle im Kohlenhydratstoffwechsel: Wer viel Zucker isst, braucht viel Vitamin B1. Enthalten ist es unter anderem in Schweinefleisch- und Vollkorngetreide. Der Körper kann es nicht speichern. Im täglichen Brot sollte zumindest 50 Prozent Vollkorn sein.

Vitamin B 2 ist im Eiweißstoffwechsel der zündende Funke. Es ist das typische »Milchvitamin« und außerdem noch in Fleisch, Ei – und wiederum in Vollkorn enthalten. Es lohnt sich also, das richtige Brot im Kasten zu haben!

Folsäure reagiert superempfindlich auf Licht und Luft. Kinder brauchen es für Zell- und Blutbildung. Rohes Knabbergemüse wie Tomaten, Gurken oder Kohlrabi sind ideal – ebenso wie Orangen und Weintrauben. Sonst ist sie in fast allen Lebensmitteln in Minimengen enthalten.

Beta-Karotin stärkt als Vorstufe von Vitamin A das Immunsystem, hält die Haut gesund und ist wichtig fürs Sehen. Alle orangefarbenen Gemüse- und Obstsorten, aber auch grüne Gemüse wie Brokkoli sind reich an Beta-Karotin. Zur Aufnahme braucht der Körper ein wenig Fett.

Ballaststoffe sind für den Menschen unverdaulich, sorgen für Sattheit und dafür, dass die Verdauung fix funktioniert. Am Ende unseres Darms ernähren sie Bakterien und sind damit wichtig für die Immunabwehr. Enthalten sind sie in allem, was man gründlich kauen muss: Gemüse, Obst und Getreidevollkorn.

Super-Salz Salzarm ist angesagt! Aber auch die Kinderküche kommt nicht ohne aus. Sie schlagen drei Fliegen mit einer Klappe, wenn das Salz mit Jod, Fluor und Folsäure angereichert ist. Sie erkennen es an der gelben Färbung.

Fleisch　　　Gemüse　　　Fette

Einfach gesünder kochen

Schongang für Ihr Essen

Durch Licht, Luft, Hitze und Wasser gehen 20–50 Prozent der Vitamine verloren, bis das Gemüse auf dem Teller liegt. Gemüse deshalb frisch kaufen und bis zur Verarbeitung kühl und dunkel lagern. Erst unmittelbar vor dem Garen waschen, putzen, schälen oder klein schneiden. Zügig anbraten – erst bei Temperaturen um 70 Grad werden die Enzyme zerstört, die die Vitamine abbauen. Dann aber auf kleine Hitze schalten – dünsten schont das Gemüse. Die Garflüssigkeit immer mitverwenden – in ihr befinden sich vor allem die ausgeschwemmten Mineralstoffe. Und dann ab auf den Teller: warm halten ist Gift für die Nährstoffe!

»Nasses« Fleisch ist nicht gut abgehangen und wird beim Garen zäh. Deshalb trockene Stücke, die eher kräftig rötlich gefärbt sind, bevorzugen. Vor dem Anbraten ist Waschen meist überflüssig – es sei denn, es ist wirklich blutig-schmutzig – denn beim Erhitzen werden die Keime an der Oberfläche abgetötet. Fleisch immer im Kühlschrank lagern. Hackfleisch darf nur am Tag seiner Produktion ver-

kauft und verarbeitet werden. Am besten, Sie lassen es sich beim Metzger frisch durchdrehen. Generell gilt: Lieber zuerst Fettränder dran lassen, sie machen das Fleisch saftig. Nach dem Garen können Sie das Fett nach Wunsch wegschneiden. Gepökelte Wurstwaren, Schinken oder Leberkäse nie bei großer Hitze braten oder grillen: Dabei entwickeln sich Nitrosamine – und die sind krebserregend.

Verwenden Sie unterschiedliche Fette. Zum Braten bei hohen Temperaturen wie bei Schnitzel oder Steaks ist Butterschmalz, Kokosfett oder Erdnussöl geeignet: Sie halten auch große Hitze aus, ohne zu rauchen. Zum dünsten oder schmoren eignet sich Raps- oder Sojaöl – auch Olivenöl, wenn man den Geschmack mag. Die sanfte Hitze schont die ungesättigten Fettsäuren. Margarine und Butter enthalten Flüssigkeit – sie spritzen beim Braten. Pfannkuchen und Spiegelei schmecken in Butter allerdings besonders gut. Für den Salat am besten kalt gepresstes Rapsöl verwenden – die Zusammensetzung ist ideal. Wer mag, kann mit Walnuss- und Sonnenblumenöl abwechseln.

Gesunde Küchentricks

Großmutters Küche war nicht immer gesund. Schneiden Sie alte Zöpfe ab und machen Sie sich die Erkenntnisse der Ernährungswissenschaft zunutze.

1 Geschälte Kartoffeln nie bis zur Weiterverarbeitung in Wasser legen, um zu vermeiden, dass sie braun werden. Dabei schwimmen die Nährstoffe davon! Lieber direkt nach dem Schälen kochen. Oder vakuumieren.

2 Kräuter nie wie Blumen in Wasser stellen – ihr Stoffwechsel baut die Nährstoffe weiter ab, sie welken. Stattdessen in einer dichten Plastikbox im Kühlschrank lagern.

3 Bei Möhren, Radieschen, Roter Bete, Kohlrabi und Rüben das Grün, das nicht gegessen wird, sofort nach dem Kauf entfernen: Es zieht Nährstoffe und Flüssigkeit aus den Knollen und Wurzeln – sie werden welk.

4 Gerichte niemals länger warm halten, dadurch können sich Keime explosionsartig vermehren. Lieber rasch abkühlen, kalt stellen und vor dem Essen wieder erhitzen. Dabei einmal aufkochen.

5 Auch Fisch, Pilze und Spinat dürfen Sie aufwärmen, wenn sie zwischendurch maximal 24 Stunden gut gekühlt werden. Nur für Babys unter 8 Monaten wird der Spinat nicht aufgewärmt – sie können das vielleicht entstandene Nitrit nicht abbauen.

6 Zuchtpilze nicht waschen – sie saugen sich sonst voll Wasser. Stattdessen mit einem Pinsel oder einer weichen Bürste reinigen.

7 Obst und Gemüse möglichst wenig schälen: In der Schale sind Bioaktivstoffe konzentriert, die die Pflanze vor Oxidation und Umwelteinflüssen schützen. Diese Stoffe tun auch dem Menschen gut.

8 Schnittflächen bei Obst und Salat mit Zitronensaft beträufeln – dann werden sie nicht braun. Das enthaltene Vitamin C verhindert die Oxidation. In wenig Wasser gelöstes Salz verhindert bei Gemüse ebenfalls die Verfärbung.

9 Vollkorn wird bei längerer Lagerung ranzig und bitter, weil der mitvermahlene Keim Fett enthält. Größere Vorräte daher in Portionen einfrieren – dann bleiben sie frisch.

10 Statt Soßenbinder können Sie Instant-Haferflocken oder selbst gemahlene Hirse verwenden. Beide Getreide klumpen nicht und enthalten sehr viel Eisen und Zink – sowieso Mangelware.

11 Brot nie zu dunkel toasten, Kuchen und Kekse nicht zu dunkel backen und Ofen-Pommes nur leicht Farbe nehmen lassen: sonst entwickelt sich zu viel krebserregendes Acrylamid.

12 Wenn Sie in Fett braten, das Gargut hinterher auf Küchenpapier abtropfen lassen – das reduziert das Fett. Auf Frittieren am besten verzichten: Es produziert Nitrosamine und bringt einfach zu viel Fett auf den Teller.

14 Garen Sie alles immer so lange wie nötig, aber so kurz wie möglich. Jede Minute zusätzlich ist mit Nährstoffverlusten verbunden. Legen Sie möglichst den Deckel auf – das schont die Vitamine.

Optimal: Tiefgefroren   Praktisch: Vorgeputzt   Klassiker: Dosengemüse

Gemüse: Wenn die Zeit fürs Frische fehlt

Tiefgefroren bleiben Vitamine lange unversehrt. Deshalb steht Gemüse aus der Tiefkühltruhe in punkto Vitamingehalt oft besser da als Frischgemüse aus dem Supermarkt – ganz davon abgesehen, dass es nicht mehr gewaschen und geputzt werden muss. Außerdem wird es besser auf Rückstände kontrolliert: Vertragsbauern pflanzen es in enger Zusammenarbeit mit der Lebensmittelindustrie an. Empfehlenswert sind vor allem natürliche Produkte ohne jede Würzung. Wenn möglich in Bioqualität. Gemüsemixe à la China oder Mexiko enthalten oft Glutamat und künstliche Aromastoffe – überflüssig! Ausnahme: Rahmspinat. Den können Sie auch mal als Nudelsoße einsetzen. Und Fisch, Fleisch, Krabben? Am besten pur, ohne Zusatz, zum Aufbacken im Backofen.

Salatmixe erobern die Kühlregale. Wenn keine Zeit ist, fällt am schnellsten der Salat flach – putzen hält nämlich auf. Fertigsalate sind in der Regel einwandfrei, wenn auch sehr teuer. Trotzdem besser vor dem Essen einmal kurz waschen, um die Keimzahl zu reduzieren. Und kein Dressing aus dem Regal. Da sind nämlich wieder jede Menge Aromamischungen und Konservierungsstoffe drin. Lieber selbst eine Vinaigrette aus Senf, Apfelessig, Öl und Gewürzen rühren. Oder Knabbergemüse pur anbieten – das ist noch gesünder und preiswerter.

Konserven sind zu Unrecht verpönt: Die Mineralstoffe und Vitamine bleiben erhalten und High Tech trennt den Inhalt hermetisch von der Dose. Nicht alles schmeckt toll: nur eine feste Struktur hält dem Bad im eigenen Saft stand. Hülsenfrüchte wie Linsen, Bohnen, Kichererbsen sind die Gewinner – ebenso Sauerkraut, Rotkohl und Mais. Weil diese Gemüsesorten eine lange Garzeit haben, ist die Dose echt ein Plus. Klassiker sind Tomaten in jeder Form: ihr Aroma und der wertvolle Bioaktivstoff Lykopin sind stabil. Wichtig: Der Doseninhalt ist durch das Sterilisieren schon gegart. Also nicht mehr lange kochen, sondern so kurz wie möglich erhitzen – oder kalt für Salate verwenden. Vorsicht bei Fertiggerichten. Sie sind oft überwürzt. Ausnahme: Tomaten-, Pilz- und Zwiebelsuppen. Obstkonserven sind oft sehr stark gezuckert.

Blitzschnell, haltbar – und doch gesund?

Frische Lebensmittel aus dem Garten sind das Beste. Doch neue Techniken machen Lebensmittel schonend haltbar und schnell.

Je stärker ein Lebensmittel bearbeitet ist, desto mehr ursprüngliche Eigenschaften verliert es. Deshalb wird Rohkost nie überflüssig! Doch wir sind so gut versorgt, dass wir uns tatsächlich ab und zu »Fast Food« erlauben können. Auch hier gibt es Unterschiede. Hier erfahren Sie, wie »schnell« auch gesund sein kann:

Mie-Nudeln haben in China eine lange Tradition und aus ernährungswissenschaftlicher Sicht keine Nachteile gegenüber »Normalnudeln«. Sie müssen nur mit kochendem Wasser überbrüht werden und sind nach 4 Minuten fertig. Weiterer Vorteil: Sie brauchen keinen Riesentopf wie für Pasta.

Pasta aus dem Kühlregal ist eine Delikatesse. Bei gefüllten Produkten auf Frische achten: Die Füllung kann gegen Ende der Haltbarkeit extrem viele Keime enthalten. Wermutstropfen: Sie sind ganz schön teuer. Als »Mutter-und-Kind-Portion« ok.

Minuten-Reis gibt es als Milch- und Langkornreis in sehr guter Qualität. Er ist in ca. 2–4 Min. ausgequollen. **Parboiled Reis** enthält mehr Nährstoffe – wer 15 Min. Zeit hat, sollte ihn bevorzugen und nach dem Quellverfahren kochen: 1 Teil Reis auf 1,8 Teile Flüssigkeit. Dann bleiben die Mineralstoffe auch drin!

Instant-Getreidegrütze ist eine neue Entwicklung und nichts anderes als mehr oder weniger grob geschrotete Getreidekörner: Feinen Couscous, groben Bulgur, Polenta (Maisgrieß), Gerste, Weizen, Hafer und Dinkel gibt's im Bioladen und beim Türken. Zum Teil sogar als Vollkornprodukt. Sie sind in 10–20 Min. fertig, schmecken mild-süßlich und sind gesunde Super-Sattmacher für Kinder.

Kartoffelpüree ist in der Regel mit Schwefel und Zusatzstoffen behandelt – ab und zu ok. Die Discounter-Pürees sind sogar billiger, aber nicht besser als selbst gemachtes. Bio-Püree ist gesünder, schmeckt aber nicht so gut.

Instant-Brühe ist eine gute Basis für Eintöpfe und Soßen ohne Fleisch. Bevorzugen Sie Produkte ohne gehärtete Fette und ohne Glutamat.

Sojasoße sollte nur Wasser, Salz, Sojabohnen und Weizen enthalten – dann ist sie natürlich fermentiert. Sie eignet sich bestens zum Würzen von Gemüse und ist eine gute Alternative zur altbekannten Instant-Brühe.

Tomatenmark enthält Aroma und Lykopin der Tomate konzentriert. Im Gegensatz zu Ketchup ist es zuckerfrei und rundet Saucen und Eintöpfe phantastisch ab. Sogar als Brotaufstrich super!

Haltbare Milchprodukte wie ultrahocherhitzte Milch, Sahne, Joghurt und Schmand enthalten noch alle wichtigen Mineralstoffe und Vitamine, sind also auch für den dauerhaften Einsatz geeignet. Geschmacklich reichen die neuen, bis zu 21 Tagen haltbaren ESL-Milchprodukte sogar an Frischprodukte heran. Übrigens: Kaffeesahne oder Kondensmilch sind beim Kochen ein leichter Sahneersatz!

Nudeln, Reis & Kartoffeln

Sie sind die Stars der Kinderküche: Schnell, preiswert, anpassungs-
fähig und bei Kindern beliebt. Italienisch, asiatisch, Hausmannskost:
Alles geht! Die Kohlenhydrate bringen Energie. Immer schön abwechseln – dann bleibt die Ernährung ausgewogen.

Gebratene Nudeln

250 g Mie-Nudeln
1 walnussgroßes Stück Ingwer
1 Knoblauchzehe
2 Frühlingszwiebeln
6–8 Kirschtomaten
200 g Sojasprossen
4 kleine Möhren
200 g Rinderhackfleisch
2 EL Öl
Salz | Pfeffer
2 TL Currypulver
200 g TK-Erbsen
3 EL Sojasoße

Für 4 Personen | ⓘ 30 Min. Zubereitung
Pro Portion ca. 490 kcal, 18 g EW, 17 g F, 14 g KH

1   1 l Wasser zum Kochen bringen. Die Nudeln damit übergießen und 4–5 Min. ziehen lassen.

2   Ingwer und Knoblauch schälen, durch die Knoblauchpresse drücken oder fein hacken. Das Gemüse waschen. Frühlingszwiebeln putzen und in Ringe schneiden. Kirschtomaten halbieren. Sprossen abtropfen, Möhren schälen und hobeln.

3   Hackfleisch im Öl krümelig anbraten. Mit Salz, Pfeffer und Currypulver würzen. Knoblauch, Ingwer, Sprossen, Möhren und Erbsen zugeben. Alles zusammen unter Rühren 5 Min. anbraten.

4   Nudeln abtropfen lassen, Hackfleisch zusammen mit den Tomaten und Frühlingszwiebeln untermischen und warm werden lassen. Mit Sojasoße abschmecken, sofort servieren.

Italo-Klassiker mit Gemüseplus

Spaghetti Super-Bolognese

Die Pilze liefern viele B-Vitamine, Eiweiß und Ballaststoffe.

350 g Spaghetti | Salz
250 g Champignons
1 Zwiebel | 2 El Öl
300 g Rinderhackfleisch
2 EL Tomatenmark
Salz | Pfeffer | 1 TL Paprikapulver
2 TL getr. Oregano
1 kleine Dose Tomaten (400 g)
100 g Sahne

Für 4 Personen | 🕐 25 Min. Zubereitung
Pro Portion ca. 655 kcal, 32 g EW, 26 g F, 71 g KH

1 Spaghetti in reichlich Salzwasser bissfest kochen. Champignons säubern und auf der Küchenreibe oder mit der Küchenmaschine fein raspeln. Zwiebel schälen, würfeln und im Öl glasig dünsten.

2 Hackfleisch zugeben und rundherum kräftig anbraten. Tomatenmark zugeben. Mit Salz, Pfeffer, Paprikapulver und Oregano würzen. Pilze zugeben und einige Minuten mitbraten.

3 Tomaten zerdrücken und mit Saft zum Fleisch geben. 10 Min. köcheln lassen. Sahne unterrühren, würzen und mit den abgetropften Nudeln servieren.

VARIANTE
Statt der Champignons können Sie auch geraspelte Möhren verwenden.

raffiniert | karotinreich

Möhrennudeln mit Bällchen

Gleich drei Kinderhits in einem und noch dazu gesund!

300 g rohe Bratwürstchen
1 Bund Schnittlauch | 100 g Magerquark
600 g Möhren | 2 EL Rapsöl
1–2 EL Tomatenmark
Salz | Pfeffer | 2 TL mildes Currypulver
100 g Sahne
250 g Hörnchennudeln

Für 4 Personen | 🕐 30 Min. Zubereitung
Pro Portion ca. 645 kcal, 21 g EW, 37 g F, 56 g KH

1 Aus den Würstchen portionsweise das Brät drücken. Den Schnittlauch in Röllchen schneiden, mit Brät und Quark verkneten. Masse mit angefeuchteten Händen zu kleinen Bällchen formen.

2 Die Möhren waschen, schälen und je nach Dicke vierteln oder achteln. In fingerlange Stifte schneiden.

3 Öl in einem Topf oder Wok erhitzen, Bällchen darin rundherum anbraten und herausnehmen. Möhrenstifte im Topf andünsten, Tomatenmark kurz mitbraten, mit Salz, Pfeffer und Currypulver würzen. Die Sahne angießen. Fleischbällchen darauf legen und alles zugedeckt ca. 15 Min. garen.

4 Inzwischen die Nudeln in reichlich Salzwasser bissfest kochen. Unter die Möhren mischen und sofort servieren.

oben: Spaghetti Super-Bolognese | unten: Möhrennudeln mit Bällchen

eisenreich | kalziumreich

Froschsoße

500 g frischer Blattspinat | 1 Zwiebel | 1 Knob-
lauchzehe | 2 EL Öl | ¼ l Milch | 200 g Feta | Salz |
Pfeffer | Zitronensaft

Für 4 Personen | ⏱ 25 Min. Zubereitung
Pro Portion ca. 220 kcal, 14 g EW, 17 g F, 4 g KH

1   Den Spinat gründlich waschen und putzen.
Zwiebel und Knoblauch schälen und würfeln. In
einer Pfanne das Öl erhitzen. Zwiebel und Knoblauch darin glasig dünsten. Spinat zugeben, zugedeckt in ca. 5 Min. zusammenfallen lassen.

2   Die Milch erwärmen. Den Feta durch ein grobes
Sieb drücken oder mit der Hand zerbröseln. Mit der
heißen Milch zum Spinat geben. Alles fein pürieren
und mit Salz, Pfeffer und etwas Zitronensaft abschmecken.

BLITZ-TIPP
Funktioniert auch mit TK-Spinat.

ganz einfach | schnell

Carbonara

1 Zwiebel | 1 Knoblauchzehe | 150 g gekochter
Schinken | 1 EL Olivenöl | 1 EL Tomatenmark |
1 EL Mehl | 300 ml Milch | 75 g Sahne | Salz |
Pfeffer

Für 4 Personen | ⏱ 20 Min. Zubereitung
Pro Portion ca. 195 kcal, 11 g EW, 13 g F, 11 g KH

1   Zwiebel und Knoblauch schälen und fein würfeln.
Schinken ebenfalls würfeln.

2   Öl in einem Topf erhitzen, Zwiebel und Knoblauch darin glasig dünsten. Schinken und Tomatenmark mitbraten, dann unter Rühren mit einem Sieb
das Mehl einstreuen.

3   Milch und Sahne zugeben und alles unter Rühren aufkochen. Mit Salz und Pfeffer abschmecken.

VEGGI-TIPP
Vegetarier nehmen statt des Schinkens 50 g grob gehackte Nüsse.

Lieblings-Tomatensoße

1 Zwiebel | 1 Knoblauchzehe | 4 EL Olivenöl |
1 große Dose Tomaten (800 g) | Salz | Pfeffer |
½ Bund Basilikum, gehackt

Für 4 Personen | ⊕ 40 Min. Zubereitung
Pro Portion ca. 150 kcal, 3 g EW, 12 g F, 6 g KH

1   Zwiebel und Knoblauch schälen und würfeln.
2 EL Öl in einer großen Pfanne erhitzen. Zwiebel
und Knoblauch darin glasig dünsten.

2   Tomaten samt Saft zugeben. Aufkochen und auf
kleiner Flamme 20–30 Min. köcheln lassen. Alles
pürieren. Zum Schluss das restliche Öl unterziehen
und mit Salz, Pfeffer und Basilikum würzen. Mit
Nudeln und frisch geriebenem Parmesan servieren.

TIPP – SPRITZSCHUTZ VERWENDEN!
Durch das offene Kochen wird die Soße konzentriert –
mit Spritzschutz hält sich die Kleckerei in Grenzen.

Zaubersoße

250 g Wurzelgemüse (z. B. Möhren, Sellerie,
Petersilienwurzel) | 1 TL Rapsöl | 3 EL Tomaten-
mark | 300–400 ml Gemüsebrühe | 150 g Crème
fraîche | Salz | Pfeffer

Für 4 Personen | ⊕ 20 Min. Zubereitung
Pro Portion ca. 190 kcal, 2 g EW, 17 g F, 6 g KH

1   Das Gemüse waschen, schälen und grob zertei-
len. Im Blitzhacker oder mit der Küchenmaschine
fein raspeln.

2   Das Öl in einer Pfanne erhitzen und das Gemüse
darin kräftig anbraten. Das Tomatenmark zugeben
und schmoren, dann mit der Brühe ablöschen.

3   Soße einmal aufkochen. Crème fraîche zugeben,
alles pürieren. Mit Salz und Pfeffer abschmecken.
Passt gut zu Kurzgebratenem.

karotinreich | einfach

Häschensuppe

Die cremige Suppe wird mit den Tröpfchennudeln zum Sattmacher.

2 Eier | 8 EL Mehl
2 EL gemahlene Haselnüsse
5 EL Milch | Salz | Pfeffer
750 g Möhren
250 g Sellerie
1 Zwiebel | 2 EL Rapsöl
1200 ml Gemüsebrühe | 150 g Sahne
etwas gehackte Petersilie

Für 4 Personen | ⏲ 30 Min. Zubereitung
Pro Portion ca. 440 kcal, 10 g EW, 28 g F, 33 g KH

1 Für die Tröpfchennudeln Eier, Mehl, Nüsse und Milch zu einem dickflüssigen Teig rühren. Salzen und pfeffern.

2 Möhren und Sellerie waschen, schälen und klein schneiden. Zwiebel schälen, würfeln und in einem Topf im Öl andünsten. Möhren und Sellerie zugeben, kurz mitbraten. Brühe angießen, aufkochen und zugedeckt ca. 15 Min. köcheln lassen, bis das Gemüse weich ist. Die Sahne zugeben und alles pürieren. Mit Salz und Pfeffer abschmecken.

3 Teig nach und nach durch ein Nudelsieb, eine Schaumkelle oder einen Spätzlehobel in die köchelnde Suppe tropfen und stocken lassen. Suppe mit etwas Petersilie bestreuen und servieren.

TIPP – FÜR ALLERGIKER
Wer keine Nüsse verträgt, ersetzt sie einfach durch zarte Haferflocken.

blitzschnell

Italia-Spätzle

Tomaten, Mozzarella und Basilikum bringen Farbe, Frische und Aroma.

500 g Tomaten
2 Kugeln Mozzarella (à 125 g)
1 Bund Basilikum
2 EL Öl
Salz | Pfeffer
500 g frische Spätzle aus dem Kühlregal

Für 4 Personen | ⏲ 15 Min. Zubereitung
Pro Portion ca. 635 kcal, 29 g EW, 20 g F, 89 g KH

1 Backofen auf 180° (Umluft 160°) vorheizen.

2 Tomaten waschen, Stielansätze entfernen, Fruchtfleisch in Scheiben schneiden. Mozzarella ebenfalls in Scheiben schneiden. Basilikum waschen, trockenschütteln und fein hacken. Mit dem Öl mischen und mit Salz und Pfeffer würzen.

3 Alle Zutaten dachziegelartig in eine flache Auflaufform schichten. Mit Spätzle beginnen, dann Tomaten, Basilikumöl und zuletzt die Mozzarellascheiben darauf verteilen. Von vorn beginnen bis alle Zutaten verbraucht sind.

4 Im Ofen (Mitte) 15 Min. überbacken und servieren.

VARIANTE
Schmeckt auch sehr gut mit Spinat und Feta. Basilikum dann einfach weglassen. Sie können auch die Spätzle durch Baguettescheiben ersetzen.

oben: Häschensuppe | unten: Italia-Spätzle

Klassiker

Lasagne

Der Kinder-Liebling braucht Zeit, lässt sich aber gut vorbereiten. Der Clou:
Mit Mehlbutter gelingt die Béchamelsoße garantiert ohne Klümpchen!

Für die Fleischsauce

1 Stange Lauch

1 Möhre

1 kleiner Sellerie

1 Zwiebel

1 Knoblauchzehe

2 EL Tomatenmark

2 EL Öl

300 g Hackfleisch

250 ml Gemüsebrühe

Salz | Pfeffer | 1 TL Paprikapulver

Für die Béchamelsoße

35 g Butter

35 g Mehl

½ l Milch

Salz | Pfeffer | etwas Muskat

Außerdem

200 g Lasagneplatten (12 Stück)

200 g geriebener Emmentaler

Für 4 Personen
◎ 30 Min. Zubereitung | 30 Min. Backen
Pro Portion ca. 845 kcal, 43 g EW, 50 g F, 55 g KH

1   Butter und Mehl glatt verkneten, zu Kugeln formen und kaltstellen. Backofen auf 180° (Umluft 160°) vorheizen.

2   Das Gemüse waschen, putzen und in sehr kleine Würfel schneiden. Zwiebel und Knoblauch schälen und würfeln. Erst die Zwiebel, dann das Tomatenmark in 2 EL Öl anbraten. Knoblauch und Gemüsewürfel zugeben und einige Minuten mitbraten.

3   Hackfleisch unterrühren, kräftig anbraten und die Gemüsebrühe angießen. Mit Salz, Pfeffer und Paprikapulver würzen. Alles zusammen 10 Min. köcheln lassen.

4   Für die Béchamelsoße Milch in einem Topf erhitzen und die Mehlbutter aus dem Kühlschrank mit einem Schneebesen einrühren (Bild 1). Köcheln lassen bis die Kugeln aufgelöst sind. Mit Salz, Pfeffer und Muskat abschmecken.

5   Eine Auflaufform mit Lasagneplatten auslegen. Hackfleischsoße hineingeben, dann die Béchamelsoße darübergießen (Bild 2). So weiterschichten bis alle Zutaten verbraucht sind. Auf die letzten Lasagneplatten noch einmal Béchamelsoße geben und mit dem geriebenen Käse bestreuen. Im Ofen (unten) 30 Min. backen.

VARIANTE – GRÜNE LASAGNE

Das Hackfleisch durch aufgetauten gehackten Spinat (500 g) und 150 g Hüttenkäse ersetzen. Bringt Eisen und Calcium in die Nudeln!

VARIANTE – GELBE LASAGNE

Hackfleisch durch 700 g geschmorte Möhren- oder Kürbiswürfel und 150 g Mozzarella oder Schinken ersetzen. Mit dem Gemüse 1–2 gehackte Zwiebeln und Koblauchzehen mitschmoren. Verführt auch hartgesottene Gemüseverweigerer.

asiatisch | leicht

China-Reispfanne

Unreife Mango passt mit ihrem säuer-
lichen Aroma super zu Pikantem.

250 g parboiled Reis | Salz
1 rote Paprika
1 feste, grüne Mango
1 Knoblauchzehe | 2 EL Öl
300 g TK- Brokkoli
1 EL Honig | 1 EL Essig
½ TL Chilipulver
1 Bund Frühlingszwiebeln
150 g Krabben | Pfeffer | Sojasoße

Für 4 Personen | ⌚ 30 Min. Zubereitung
Pro Portion ca. 390 kcal, 14 g EW, 8 g F, 67 g KH

1   Reis nach Packungsanweisung kochen.

2   Die Paprika waschen, putzen und würfeln. Die
Mango schälen, das Fleisch vom Kern schneiden
und würfeln. Knoblauch schälen und klein schneiden. Das Öl im Wok erhitzen, Knoblauch und Mango darin anbraten. Paprika und Brokkoli dazugeben
und 5 Min. weiterbraten.

3   Honig, Essig, Chilipulver und 50 ml Wasser mischen, zum Gemüse geben und 10 Min. zugedeckt
köcheln lassen.

4   Frühlingszwiebeln waschen und in Ringe schneiden. Mit dem Reis und den Krabben zum Gemüse
geben. Mit Salz, Pfeffer und Sojasoße abschmecken.

VARIANTE – HAWAII-PFANNE
Krabben durch gewürfelten Kochschinken ersetzen,
Mango durch Ananas.

ganz einfach | lykopinreich

Tomatenrisotto

Der Reis wird in Tomatensaft gekocht
und schmeckt so richtig nach Sommer.

1 Aubergine
1 gelbe Paprika
1 Zucchino
1 Zwiebel
1 El Öl
200 g Risottoreis
750 ml Tomatensaft | Salz
1 Kugel Mozzarella
Pfeffer
1 Bund Basilikum, gehackt

Für 4 Personen | ⌚ 40 Min. Zubereitung
Pro Portion ca. 230 kcal, 13 g EW, 9 g F, 50 g KH

1   Das Gemüse waschen, putzen und klein würfeln.

2   Zwiebel schälen und würfeln. Öl in einer Pfanne
erhitzen und die Zwiebelwürfel darin andünsten.
Risottoreis zugeben und glasig werden lassen.
Tomatensaft angießen, aufkochen, salzen, Aubergine und Paprika zugeben. Alles ca. 20 Min. sanft
köcheln lassen, dabei öfters rühren.

3   Nach 10 Min. Garzeit auch die Zucchiniwürfel
zugeben. Mozzarella würfeln und kurz vor Ende
der Garzeit zum Risotto geben. Mit Salz und Pfeffer
würzen. Basilikum kurz vor dem Servieren untermischen.

SPAR-TIPP
Statt Risottoreis können Sie auch den preiswerteren
Milchreis verwenden.

KaKo-Türmchen

Kartoffeln sind durch viel Vitamin C prima für Gemüsemuffel und durch wertvolles Eiweiß ideal für fleischarme Rezepte. Hier drei Kinderhits.

2 Kohlrabiknollen (ca. 450 g) | ½ Bund Petersilie | 800 g Kartoffeln | Salz | Pfeffer | Muskat | 150 ml Milch | 200 g Sahne | 100 g Hartkäse (z. B. Emmentaler)

Für 4 Personen | ⏲ 50 Min. Zubereitung
Pro Portion ca. 415 kcal, 15 g EW, 25 g F, 32 g KH

1 Backofen auf 200° (Umluft 180°) vorheizen.

2 Grobe Kohlrabiblätter entfernen. Die zarten Kohlrabiblättchen abzupfen und zusammen mit der Petersilie waschen, trockenschütteln und fein hacken.

3 Kartoffeln und Kohlrabi schälen und auf der Küchenreibe oder mit einer Küchenmaschine in sehr dünne Scheiben hobeln. Mit Salz, Pfeffer, etwas abgeriebenem Muskat und dem gehackten Grün in einer Schüssel gut mischen. Die Masse auf 18 Muffinmulden verteilen.

4 Milch und Sahne verrühren und über die Kartoffelmuffins gießen. Käse reiben und auf die Muffins streuen. Im Backofen (Mitte) 30 Min. backen. Dazu passt Salat.

VARIANTE
Schmeckt auch nur mit Kartoffeln prima. Statt Kohlrabi können Sie auch mal Apfelspalten oder dünne Möhrenscheiben unter das Gratin mischen.

TIPP – PASST AUCH IN EINE GROSSE FORM
Sie können die Zutaten natürlich auch komplett in eine große Auflaufform einschichten. Die Backzeit verlängert sich dann auf ca. 45 Min.

Wunsch-Puffer

750 g Kartoffeln | 250 g Wunsch-Gemüse
(z. B. Möhren, Sellerie, Rote Bete) | 1 Zwiebel |
Salz | Pfeffer | Muskat | Öl zum Braten | 75 g
geriebener Käse (z. B. Emmentaler, Parmesan)

Für 4 Personen | 🕑 35 Min. Zubereitung
Pro Portion ca. 315 kcal, 9 g EW, 18 g F, 27 g KH

1   Kartoffeln und Gemüse waschen, schälen und
klein schneiden. Zwiebel schälen und halbieren.
Kartoffeln, Gemüse und Zwiebel im Blitzhacker
zerkleinern. Mit Salz, Pfeffer und Muskat würzen.
Masse in einem Sieb etwas abtropfen lassen.

2   Öl in einer Pfanne erhitzen und pro Puffer 1 EL
Kartoffelmasse leicht flach drücken und ca. 4 Min.
braten. Wenden und mit Käse bestreuen. Deckel
auflegen und weitere 4 Min. braten. Auf Küchenpapier entfetten und heiß servieren. Dazu schmecken
Kräuterquark und Salat.

Urlaubs-Wok

600 g Frühkartoffeln | Salz | 500 g zarte Möhren |
1 Bund Frühlingszwiebeln | 1 Knoblauchzehe |
4 Merguez (Lammbratwürstchen), ersatzweise
Schweins- oder Kalbsbratwürstchen | 2 EL Öl |
etwas Rosmarin (getrocknet) | Pfeffer | 1 Msp.
Kreuzkümmel

Für 4 Personen | 🕑 30 Min. Zubereitung
Pro Portion ca. 475 kcal, 14 g EW, 35 g F, 25 g KH

1   Kartoffeln waschen. In wenig Salzwasser ca.
20 Min. zugedeckt dämpfen. Möhren waschen,
schälen und die letzten 5 Min. zu den Kartoffeln
geben. Frühlingszwiebeln und Knoblauch schälen,
kleinschneiden.

2   Merguez in Stücke schneiden. Öl in einer Pfanne
erhitzen und Würstchenstücke darin anbraten.
Dann Kartoffeln, Möhren, Knoblauch und Rosmarin
mitbraten. Nach 10 Min. Frühlingszwiebeln zugeben, mit Salz, Pfeffer und Kreuzkümmel würzen.

Schnitzel, Würstchen & Co.

Die meisten Kinder mögen Fleisch in jeder Form. Geschickt mit
frischem Gemüse zu einem ausgewogenen Essen kombiniert, sind
diese Rezepte der Hit. Aus der Pfanne schnell auf den Tisch oder im
Rohr mit wenig Aufwand. Extra: gesunde Blitzbeilagen für Würstchen,
Burger & Co.

Knabber-Blech

1 kg vorwiegend fest kochende Kartoffeln
3 EL Rapsöl
Salz
2 Zweige Rosmarin
4 kleine Hähnchenschenkel
Pfeffer
2 TL Paprikapulver
4 kleine Zucchini
1 große rote Paprikaschote
250 g Kirschtomaten

Für 4 Personen | ⓦ 25 Min. Zubereitung
Pro Portion ca. 475 kcal, 29 g EW, 24 g F, 34 g KH

1 Backofen auf 200° (Umluft 180°) vorheizen.
Backblech mit Backpapier auslegen. Kartoffeln
waschen und je nach Größe halbieren oder vierteln, mit Öl, Salz und abgestreiften Rosmarinnadeln
mischen und auf dem Blech verteilen.

2 Hähnchenschenkel kalt abspülen, trockentupfen
und mit einem Messer im Gelenk teilen. 1 TL Salz,
Pfeffer und Paprikapulver mischen und die Schenkel
damit einreiben. Zwischen die Kartoffeln auf das
Blech legen und im Ofen (Mitte) ca. 45 Min. backen.

3 Das Gemüse waschen und putzen. Zucchini
längs halbieren, Paprikaschote in Spalten schneiden, Kirschtomaten jeweils an einer Stelle einpiek-
sen. Nach 25 Min. Garzeit das Gemüse auf das
Blech geben und alles mit dem entstandenen
Fleischsaft einpinseln.

VARIANTE – GEMÜSEBLECH

Funktioniert auch mit anderen Sorten – oder auch nur
mit Gemüse, wie z. B. Möhren und Zwiebeln anstelle
von Zucchini, Paprika und Kirschtomaten. Gemüse
dann von Anfang an mitbacken. Eine Knoblauchzehe
dazupressen.

Kinderliebling

Knusper-Nuggets

*Zwischen den Goldstücken aus Geflügelfleisch verstecken sich auch
ein paar Gemüsenuggets…*

100 g Mehl
2 Eier
100 ml Mineralwasser
1 EL Apfelessig
Salz | Pfeffer
300 g Puten- oder Hühnerbrust
etwas Mehl zum Wenden
1 rote Paprika
1 Zucchino (ca. 200 g)
etwas Öl
einige Zitronenscheiben zum Anrichten

Für 4 Personen | 🕐 30 Min. Zubereitung
Pro Portion ca. 335 kcal, 25 g EW, 17 g F, 20 g KH

1   Mehl, Eier, Wasser und Essig zu einem dickflüssigen Teig verrühren. Salzen und pfeffern.

2   Fleisch in 1 x 4 cm große Stücke schneiden,
beide Seiten salzen, pfeffern und kurz im Mehl
wenden.

3   Gemüse waschen und putzen. Paprika in Streifen, Zucchino in fingerdicke Scheiben schneiden.

4   Öl in einer Pfanne erhitzen (es sollte 2 cm hoch
in der Pfanne stehen). Putenschnitzelchen und Gemüse nach und nach in den Teig tauchen und im
heißen Öl goldbraun ausbacken. Herausnehmen
und auf Küchenpapier entfetten, im Ofen warm halten. Öl nach Bedarf wieder nachfüllen. Die Nuggets
mit Zitronen-Scheiben anrichten.

VARIANTE

Im Backteig können Sie auch festes Fischfilet, Schweineschnitzel oder andere Gemüsesorten wie vorgekochte
Blumenkohl- und Brokkoliröschen, Selleriescheiben
oder rohen Spargel, Zuckerschoten und Tomatenschei-
ben ausbacken.

INFO – NUR HEISS MACHT KROSS UND BRAUN

Um goldbraune Nuggets zu bekommen, muss das Fett
die richtige Temperatur – zwischen 170°–190° – haben.
Halten Sie einen Holzlöffel ins Fett. Steigen Bläschen
daran auf, stimmt die Temperatur. Ist es zu kalt, saugt
sich der Teig voll Fett.

DIPP-TIPP

Dazu schmeckt ein würziger Paprikadipp. Dafür 200 g
Magerquark mit 100 g Sauerrahm, 1 Schuss Mineralwasser und 3 EL mildem Ayvar (Paprikapaste) glatt
rühren. Mit Salz und Pfeffer abschmecken.

TIPP – DAS FETT MACHT'S!

Zum Ausbacken hoch erhitzbares Fett verwenden:
Butterschmalz, Kokosfett oder Erdnussöl sind bestens
geeignet.

Kinderhit

Schnitzel mit Dschungelpüree

Die Schnitzel werden ganz klassisch paniert, das Püree bekommt durch Brokkoli Dschungelfarbe.

Für das Püree:
500 g Kartoffeln | 2 TL Salz
1 Brokkoli (500 g)
2 EL Butter
etwa 50 ml heiße Milch
etwas Muskat
Für die Schnitzel:
4 Schweineschnitzel (500 g)
Salz | Pfeffer
2 EL Mehl | 50 g Semmelbrösel
1 Ei
Fett zum Braten
Saft einer Zitrone

Für 4 Personen | ⏱ 30 Min. Zubereitung
Pro Portion ca. 415 kcal, 37 g EW, 15 g F, 32 g KH

1 Kartoffeln waschen, schälen und vierteln. So viel Wasser in einen Topf geben, dass der Boden 2 cm hoch bedeckt ist, salzen und zum Kochen bringen. Kartoffeln hineinlegen und Deckel auflegen.

2 Brokkoli waschen, putzen und samt Stiel klein schneiden. Nach 10 Min. Kochzeit auf die Kartoffeln legen und noch 10 Min mitdünsten. Zwischendurch einmal umrühren.

3 Kartoffeln und Brokkoli zusammen mit dem Garwasser – da schwimmen wertvolle Nährstoffe drin – mit einem Kartoffelstampfer zerdrücken, Butter und heiße Milch nach und nach zugeben. Mit Salz und etwas Muskat abschmecken.

4 Die Schnitzel mit einem Fleischklopfer flach klopfen und in Mini-Schnitzel schneiden. Von beiden Seiten salzen und pfeffern.

5 Mehl und Semmelbrösel auf je einen Teller geben. Das Ei aufschlagen und mit einer Gabel in einem tiefen Teller verrühren, 2 EL Wasser zugeben. Die Schnitzel zuerst im Mehl wenden, abklopfen, dann im Ei wenden und zuletzt auf beiden Seiten mit Semmelbröseln panieren – gut andrücken.

6 Fett in einer Pfanne erhitzen und die Schnitzel darin ca. 8 Min. von beiden Seiten goldbraun braten. Danach auf Küchenpapier entfetten und mit Zitronensaft beträufeln.

VARIANTE – TOMATENSCHNITZEL
Die superschnelle Schnitzelvariante. In 15 Minuten steht alles auf dem Tisch. Dazu die Schnitzel von beiden Seiten salzen, pfeffern und im Mehl wenden. 2 EL Öl in einer beschichteten Pfanne erhitzen. Schnitzel von jeder Seite ca. 2 Min. anbraten, dann aus der Pfanne nehmen. 3 EL Tomatenmark kurz anrösten, 1 Tasse Wasser und 1 Becher Sahne zugeben und etwas einkochen lassen. Mit Sojasoße und Pfeffer abschmecken, Schnitzel einlegen und erwärmen. Dazu passt Mais-Reis oder Pünktchen-Couscous von Seite 38 und Rüben- oder Kürbispüree: Statt Brokkoli nehmen Sie Möhren, Pastinaken, Rüben oder Kürbis für das Püree. Oder auch mal nur Kartoffeln.

eisenreich | Fingerfood

Bunte Spieße

Gut, wenn keine Zutat aus dem Spieß herausragt, die sonst leicht verbrennt.

1 Knoblauchzehe
1 walnussgroßes Stück Ingwer
3 EL Öl
Salz | Pfeffer
350 g Schweinegulasch
1 kleine Zwiebel
8 Kirschtomaten
1 Zucchino
1 Maiskolben (vorgekocht)

Für 4 Personen | ⓒ 25 Min. Zubereitung
Pro Portion ca. 230 kcal, 22 g EW, 11 g F, 10 g KH

1   Knoblauch und Ingwer schälen, durch die Knoblauchpresse drücken oder fein hacken. Mit Öl, Salz und Pfeffer mischen. Das Fleisch darin mind. 1 Stunde marinieren (besser über Nacht).

2   Backofen auf 250° (Umluft 225°) vorheizen.

3   Zwiebel schälen und vierteln. Tomaten waschen. Zucchino waschen und mit dem Maiskolben in Scheiben schneiden.

4   Alle Zutaten auf ca. acht Schaschlikspieße stecken. Im Ofen (Mitte) 15–18 Min. backen. Dazu passen die Beilagen von Seite 38/39.

VARIANTE

Gemüse nach Geschmack austauschen. Lecker sind z.B. auch Paprikawürfel oder Champignons.

Gemüseversteck | einfach

Fleischbällchen-Topf

Die Würstchen versöhnen auch Gemüse-skeptiker mit dem Blumenkohl.

1 Blumenkohl (ca. 500 g)
400 ml Wasser | Salz
4 rohe Bratwürstchen (ca. 300 g)
1 Bund Petersilie
2 TL Currypulver
100 g geriebener Käse
150 g Kaffeesahne oder Sahne
Pfeffer | Muskat

Für 4 Personen | ⓒ 30 Min. Zubereitung
Pro Portion ca. 460 kcal, 18 g EW, 41 g F, 4 g KH

1   Blumenkohl waschen. Den Strunk würfeln und größere Röschen abteilen. In einem geschlossenen Topf im Salzwasser in ca. 12 Min. weich dünsten.

2   Inzwischen das Brät portionsweise aus den Würstchen drücken und zu kleinen Bällchen formen.

3   Die Blumenkohlröschen mit einer Schöpfkelle aus dem Topf nehmen und warm halten. Petersilie hacken. Den Strunk mit der Petersilie, Currypulver, Käse und der Sahne zu einer cremigen Soße pürieren, evtl. noch Röschen zugeben.

4   Die Soße erwärmen. Nun die Bällchen dazugeben und in 10 Min. gar ziehen lassen. Mit Salz, Pfeffer und Muskat abschmecken. Zusammen mit den Blumenkohlröschen servieren.

VARIANTE – ÜBERBACKENE FLEISCHBÄLLCHEN

Wer mag, kann Salzkartoffeln und Blumenkohl samt rohen Klößchen auch mit der Soße im Ofen überbacken.

Klassiker auf neue Art | Gemüseversteck

Frikadellen

Sieht aus wie eine normale Frikadelle, enthält aber das Gesundheitsplus aus Möhren und Zucchini.

1 altbackenes Brötchen
1 kleine Zwiebel
1 Möhre | 1 Zucchino
1 Ei
400 g Hackfleisch
Salz | Pfeffer
2–3 EL Öl

Für 4 Personen (12 Frikadellen)
🕙 25 Min. Zubereitung
Pro Portion ca. 380 kcal, 24 g EW, 28 g F, 9 g KH

1 Brötchen in warmem Wasser einweichen.

2 Zwiebel schälen und klein würfeln. Gemüse waschen. Möhre schälen und mit dem Zucchino grob raspeln.

3 Brötchen ausdrücken und mit Zwiebel, Gemüse, Ei und dem Hackfleisch verkneten, salzen und pfeffern (Bild 1). Mit den Händen zu etwa 12 Frikadellen formen.

4 1–2 EL Öl in der Pfanne erhitzen und die Hälfte der Frikadellen darin rundherum ca. 10 Min. braten (Bild 2). Herausnehmen und auf Küchenpapier entfetten. Nun die restlichen Frikadellen braten, nach Bedarf Öl zugeben. Sofort servieren. Dazu schmeckt das Dschungelpüree von Seite 28 oder die Beilagen von Seite 38/39.

VARIANTE – GRIECHISCH
Feta in kleine Würfel schneiden und diese beim Formen der Frikadellen in der Mitte verstecken. Mit Tzaziki (Tipp Seite 34) servieren.

VARIANTE – CHINESISCH
Gemüse durch Sojasprossen, Zwiebel durch Frühlingszwiebel ersetzen, mit Ingwer und 5-Gewürze-Pulver abschmecken, in Sesamsamen wenden. Dazu schmeckt süß-saure Soße.

VARIANTE – ITALIENISCH
Möhre weglassen, Pizzagewürze zugeben, Frikadellen aufs Blech legen, je eine dicke Tomatenscheibe darauf drücken, mit Mozzarella belegen und backen.

TIPP – BLECH-FRIKADELLEN SPAREN FETT
Einfacher, fettärmer, aber nicht so saftig ist es, die Frikadellen im Backofen zu braten. Dazu den Teig weicher halten, Blech mit Alufolie auslegen und die Frikadellen etwa 15 Min. bei 220° (Umluft 200°) garen, evtl. einmal wenden. Im Sommer auf Aluschalen grillen.

TIPP – SCHNELLE SOSSE
Für eine schnelle Soße den Fond in der Pfanne mit Wasser, Tomatenmark und Sahne loskochen, etwas einkochen lassen und mit Sojasoße abschmecken.

TIPP – HAFERFLOCKEN BINDEN DEN TEIG
Ei und Brötchen machen die Frikadelle locker. Wenn der Fleischteig zu weich ist, mit Haferflocken oder Semmelbröseln nachdicken. Statt Brötchen können Sie den Teig auch mit einer rohen, geriebenen Kartoffel binden.

Kinderhit

Geschnetzeltes

Kinder lieben es vor allem wegen der Soße! Der Lauch macht das Geschnetzelte noch saftiger und schmeckt extra mild.

2 zarte Stangen Lauch | 2 EL Öl
350 g Kalbsgeschnetzeltes
2 TL Mehl
2 TL Currypulver
Salz | Pfeffer
200 ml Wasser
200 ml süße Sahne
1–2 EL Zitronensaft

Für 4 Personen | ⏲ 30 Min. Zubereitung
Pro Portion ca. 310 kcal, 22 g EW, 23 g F, 5 g KH

1 Vom Lauch Wurzeln und obere grüne Blätter abschneiden, Stangen seitlich aufschlitzen, gründlich unter fließendem Wasser waschen, in dünne Scheiben schneiden. 2 EL Öl in einem großen Topf erhitzen und den Lauch bei kleiner Hitze in ca. 10–15 Min. fast weich dünsten.

2 Mix aus Mehl, Currypulver, 1 geh. TL Salz und Pfeffer mit dem Fleisch vermischen. Fleisch zum Lauch geben und anschmoren, bis es beginnt anzusetzen. Wasser und Sahne zugeben, kurz aufkochen und 5 Min. schmoren. Mit Salz, Pfeffer und Zitronensaft abschmecken. Dazu passt Mais-Reis von Seite 38 oder Bandnudeln.

VARIANTE – SPINAT-GESCHNETZELTES

Probieren Sie es mal mit 400 g Rahmspinat anstelle des Lauchs.

VARIANTE – GANZ KLASSISCH

Für die klassische Variante nehmen Sie statt des Lauchs 1 Zwiebel und ersetzen Curry- durch Paprikapulver.

VARIANTE – GRIECHISCH

Auf griechisch heißt Geschnetzeltes Gyros. Schon der Klang bringt Süden in die Pfanne. Für Gyros 1 Zwiebel und 1 Knoblauchzehe schälen und würfeln. Das Fleisch mit Paprikapulver, Pizzakräutern, Salz und Pfeffer mischen. Öl in einer Pfanne erhitzen und das Geschnetzelte rundherum kräftig anbraten. Zwiebel, Knoblauch und Tomatenmark zugeben und 5 Min. mitbraten. Funktioniert auch mit Schweinefleisch.

UND DAZU: BUNTES TZAZIKI

1 Spitzkohl waschen, putzen und in feine Streifen schneiden (oder mit einem Krauthobel hobeln). 2 rote Paprikaschoten waschen und würfeln. Beides mit Joghurt mischen. Mit Salz und Pfeffer abschmecken. 1 Fladenbrot im Ofen knusprig backen. Gyros auf dem Tzaziki anrichten und mit dem Brot servieren.

raffiniert

Gefülltes Brathähnchen

Die Kichererbsen werden im Hähnchen versteckt. Reste gibt es als Salat.

1 Dose Kichererbsen (400 g)
1 rote Paprikaschote
1 kleine Zucchino
1 Bio-Zitrone | 2 EL Öl | 1 Knoblauchzehe
1 EL frisch gehackter Rosmarin
Salz | Pfeffer
1 Hähnchen (küchenfertig, ca. 1 kg)
1–2 EL Kräuterfrischkäse

Für 4 Personen | 30 Min. Zubereitung
Pro Portion ca. 530 kcal, 29 g EW, 34 g F, 26 g KH

1   Backofen auf 200° (Umluft 180°) vorheizen. Kichererbsen abtropfen lassen, Sud auffangen. Paprika und Zucchino waschen, putzen und würfeln. Zitronenschale abreiben, Saft auspressen. 1 EL davon mit dem Öl mischen und beiseite stellen. Restlichen Saft und Schale mit gepresstem Knoblauch, Kichererbsen und Gemüse mischen, mit Rosmarin, Salz und Pfeffer würzen.

2   Hähnchen innen und außen waschen und abtrocknen. Außen und innen kräftig salzen und pfeffern. Mit dem Zitronenöl einpinseln. Hähnchen füllen und mit Rouladennadeln verschließen. Die Hühnerbeine feststecken.

3   Hähnchen mit der Brust nach unten in eine flache Auflaufform legen. Kichererbsensud dazugießen und im Ofen (unten) 35 Min. braten. Umdrehen und weitere 35 Min. braten. Nach Bedarf Brühe angießen. Käse im Fond schmelzen lassen, würzen.

cremig

Putengulasch

Achten Sie darauf, dass das Fleisch aus der eisenreichen Keule stammt.

500 g Champignons
300 g Zwiebeln
2 EL Rapsöl
600 g Putengulasch
Salz | Pfeffer
2 TL Paprikapulver
300 ml Gemüsebrühe
1 Bund Petersilie
100 g Sauerrahm (10% Fett)

Für 4 Personen | 25 Min. Zubereitung
Pro Portion ca. 300 kcal, 42 g EW, 11 g F, 8 g KH

1   Champignons mit Küchenpapier abreiben und in Scheiben schneiden. Zwiebeln schälen, würfeln und in einer Kasserolle bei niedriger Hitze im Öl so lange dünsten, bis sie weich sind.

2   Fleisch zugeben und anbraten. Mit Salz, Pfeffer und Paprikapulver würzen, Champignons dazugeben und Deckel auflegen. Nach 5 Min. Brühe angießen und noch einmal ca. 5 Min. schmoren lassen.

3   Petersilie waschen, trockenschütteln, die Blättchen abzupfen und mit dem Sauerrahm fein pürieren. Vor dem Servieren unter das Gulasch ziehen oder extra dazureichen.

BLITZ-TIPP

Mit Hühner- oder Putenbrust gart das Gulasch noch schneller: 5 Min. reichen dann, sonst wird das Fleisch trocken.

oben: Gefülltes Brathähnchen | unten: Putengulasch

ballaststoffreich | schnell

Pünktchen-Couscous

3 bunte Paprikaschoten | 1 Zwiebel | 4 EL Öl |
1 EL Oregano | Salz | Pfeffer | 300 ml Wasser |
250 g Couscous

Für 4 Personen |  25 Min. Zubereitung
Pro Portion ca. 340 kcal, 8 g EW, 13 g F, 47 g KH

1   Paprika waschen, putzen und würfeln. Zwiebel
schälen und würfeln. Beides in einem Topf im Öl
in ca. 10 Min. weich dünsten. Mit Oregano, Salz und
Pfeffer würzen.

2   Wasser zugeben und aufkochen. Couscous
einstreuen, umrühren, vom Herd nehmen und
abgedeckt etwa 10 Min. quellen lassen. Noch einmal abschmecken und zu Kurzgebratenem wie
z. B. Würstchen oder Fischstäbchen servieren.

INFO
Couscous ist vorgegarter Weizengrieß, den Sie in
türkischen Lebensmittelgeschäften finden.

kaliumreich

Mais-Reis

1 Zwiebel | 1 EL Öl | 1– 2 TL Currypulver |
250 g Reis | ½ Dose Mais (200 g) | 2–3 TL Salz |
Orangensaft

Für 4 Personen | 20 Min. Zubereitung
Pro Portion ca. 305 kcal, 6 g EW, 4 g F, 61 g KH

1   Zwiebel schälen und würfeln. In einem Topf im
Öl glasig dünsten. Currypulver und Reis zugeben.
Mais abtropfen lassen und den Sud auffangen.
Maissud mit Wasser auf gut 0,4 l auffüllen, angie-
ßen, salzen, aufkochen und bei kleiner Hitze ca.
15 Min. ausquellen lassen.

2   Abgetropften Mais unter den Reis mischen und
mit Orangensaft abschmecken. Passt zu Kurzgebratenem wie Würstchen oder Fischstäbchen.

FRISCHE-TIPP
Statt Mais aus der Dose die Körner von 2 frischen Maiskolben herauslösen und mit dem Reis anbraten und
kochen.

Blümchen-Ebly

1 kleiner Blumenkohl | 1 Zwiebel | 2 EL Öl |
250 g Ebly-Zartweizen | 650 ml Gemüsebrühe |
1 Bund Basilikum | Salz | Pfeffer

Für 4 Personen | 🕙 35 Min. Zubereitung
Pro Portion ca. 300 kcal, 9 g EW, 9 g F, 44 g KH

1   Blumenkohl waschen und in Mini-Röschen teilen.
Zwiebel schälen, würfeln und im Öl in einem Topf
anbraten. Blumenkohl und Ebly zugeben. Gemüsebrühe angießen und einmal aufkochen lassen. Deckel auflegen und ca. 15 Min. köcheln lassen. Dabei
öfter umrühren.

2   Basilikum waschen, trockenschütteln und
hacken. Ebly mit Salz und Pfeffer abschmecken,
Basilikum unterziehen und zu Kurzgebratenem
oder Spiegelei servieren.

VARIANTE
Funktioniert auch mit Risottoreis, Hirse oder Bulgur.

Pata-Bisi

600 g Kartoffeln | 300 ml Gemüsebrühe | 200 g
TK-Erbsen | 1 TL Butter | Salz | Pfeffer

Für 4 Personen | 🕙 25 Min. Zubereitung
Pro Portion ca. 150 kcal, 5 g EW, 2 g F, 27 g KH

1   Die Kartoffeln waschen, schälen und in Würfel
schneiden. Gemüsebrühe in einem Topf aufkochen
lassen und die Kartoffelwürfel darin bei kleiner
Hitze in ca. 15 Min. garen.

2   In den letzten 2 Min. die tiefgefrorenen Erbsen
zugeben. Mit Butter, Salz und Pfeffer abschmecken
und zu Kurzgebratenem servieren.

VARIANTE
Schmeckt auch mit TK-Brokkoli oder Rosenkohl anstelle
der Kartoffeln.

Pizza, Brot & Co.

Es lohnt sich, Pizza, Brötchen & Co. mal selber zu machen: Sie bestimmen selbst, was rein kommt, sparen Geld und außerdem macht's Spaß und schmeckt! Und die bunten Mini-Pizzen sind garantiert ein Ankommer bei Groß und Klein. Jaaaa, Pizzzzza!

Bunte Pizza-Taler

200 g Weizenmehl
½ TL Salz
½ Päckchen Backpulver
50 ml Rapsöl
ca. 75 ml Wasser
1 kleine gelbe Paprika
1 kleiner Zucchino
2 mittelgroße Tomaten
1 Kugel Mozzarella (150 g)
4 Scheiben Kochschinken
2 EL Tomatenmark
Pfeffer
½ TL getrockneter Oregano

Für 4 Personen
25 Min. Zubereitung | 18 Min. Backen
Pro Portion ca. 370 kcal, 20 g EW, 15 g F, 39 g KH

1 Backofen auf 200° (Umluft 180°) vorheizen. Mehl, Salz, Backpulver, Öl und Wasser zu einem Teig kneten.

2 Gemüse waschen und putzen. Paprika in dünne Streifen, Zucchino in dünne Scheiben schneiden. Tomaten von den Stielansätzen befreien und würfeln. Mozzarella und Schinken klein würfeln.

3 Teig auf einer bemehlten Fläche ausrollen und in acht Quadrate teilen, auf ein mit Backpapier ausgelegtes Blech verteilen. Mit einem Mix aus Tomaten, Tomatenmark, Salz, Pfeffer und Oregano bestreichen. Gemüse, Schinken und Käse darauf verteilen. Im Ofen (Mitte) ca. 18 Min. backen.

VARIANTE
Variieren Sie den Belag nach Lust, Laune und Vorrat. Lecker ist z. B. auch Pizza Hawaii mit Ananas und Schinken.

raffiniert | ganz einfach

Knusper-Flammekuchen

Der Trick ist der würzige Teig aus einer fertigen Brotbackmischung.

300 g Bauernbrot- Backmischung
125 ml Wasser
100 g Schinken
2 Zwiebeln
1 EL Öl
100 g Schmand
100 g Magerquark
Salz | Pfeffer

Für 4 Personen
⊚ 25 Min. Zubereitung | 10 Min. Backen
Pro Portion ca. 440 kcal, 16 g EW, 19 g F, 51 g KH

1 Die Brotbackmischung nach Packungsanleitung mit dem Wasser anrühren.

2 Backofen auf 250° (Umluft 225°) vorheizen.

3 Schinken in kleine Würfel schneiden. Zwiebeln schälen und klein scheiden. Öl in einer Pfanne erhitzen. Schinkenwürfel und Zwiebeln auf kleiner Flamme 5 Min. dünsten.

4 Den Schmand mit dem Magerquark verrühren, mit Salz und Pfeffer würzen.

5 Den Teig auf einer bemehlten Fläche dünn ausrollen. Die cremige Mischung auf den Teig streichen und den Schinken mit den Zwiebeln gleichmäßig darauf verteilen.

6 Den Flammekuchen auf ein mit Backpapier belegtes Blech legen und im Ofen (unten) 10 Min. backen.

vegetarisch

Spinatwähe

Schmeckt warm oder kalt und lässt sich super mitnehmen.

250 g Mehl (Type 1050) | Salz
1 EL Zitronensaft
175 g kalte Butter in Stückchen
2 Eier
125 g Kräuterfrischkäse
2 EL Milch
Pfeffer | Muskat
1 Bund Basilikum, gehackt
50 g geriebener Parmesan
250 g TK-Blattspinat Minis

Für 4 Personen
⊚ 30 Min. Zubereitung | 30 Min. Backen
Pro Portion ca. 690 kcal, 22 g EW, 46 g F, 45 g KH

1 Backofen auf 180° (Umluft 160°) vorheizen. Mehl und 1 TL Salz aufhäufen. Zitronensaft und Butter in die Mitte geben und alles schnell mit kalten Händen zu einem Teig verkneten. In Folie gewickelt in den Kühlschrank legen.

2 Eier trennen. Eigelbe, Frischkäse, Milch, Salz, Pfeffer, Muskat und Basilikum verquirlen. Eiweiße mit einer Prise Salz steif schlagen und unterziehen.

3 Den Teig ausrollen und in eine gefettete Springform (26 cm) legen. Mehrfach mit einer Gabel einstechen. Parmesan aufstreuen. Eier-Mix hineingießen und die gefrorenen Spinat-Minis gleichmäßig in den Teig drücken. Im Ofen (unten) ca. 30 Min. backen.

oben: Spinatwähe | unten: Knusper-Flammekuchen

Italia-Toast

4 Scheiben Vollkorntoast | 2 EL Basilikum-Pesto |
16 Kirschtomaten | 100 g Feta | 2 EL Kürbiskerne

Für 4 Personen | ⓘ 20 Min. Zubereitung
Pro Portion ca. 180 kcal, 10 g EW, 10 g F, 14 g KH

1   Backofen auf 200° (Umluft 180°) vorheizen.

2   Toasts mit Pesto bestreichen. Kirschtomaten
waschen, halbieren und auf den Toasts verteilen.
Feta darüber krümeln und mit Kürbiskernen bestreuen. Im Ofen (Mitte) in ca. 10 Min. überbacken.

VARIANTE
Milder wird es mit Mozzarella statt Feta. Sie können
auch eine andere Pesto-Sorte verwenden. Zum Beispiel
schmeckt's fein mit Bärlauch- oder rotem Pesto.

Schweizer-Schnitte

einige Blätter Rucola | 2 große Scheiben Sonnen-
blumenbrot | 4 EL Olivenöl | 4 Scheiben Bündner
Fleisch | 8 Champignons | 50 g Parmesan

Für 4 Personen | ⓘ 20 Min. Zubereitung
Pro Portion ca. 260 kcal, 17 g EW, 17 g F, 11 g KH

1   Backofen auf 200° (Umluft 180°) vorheizen.

2   Rucola waschen und die Stiele entfernen. Brot
mit etwas Öl beträufeln, Rucola darauf verteilen
und mit Bündner Fleisch belegen. Champignons
mit Küchenpapier abreiben, in Scheiben schneiden
und auf das Brot legen.

3   Parmesan in dünne Scheiben hobeln, auf dem
Brot verteilen und mit dem restlichen Öl beträufeln.
Im Ofen (Mitte) in ca. 10 Min. überbacken.

VARIANTE
Statt Bündner Fleisch können Sie auch geräucherten
Schinken, Kochschinken oder Putenbrust verwenden.

Pizza-Toasties

1 kleine Paprika | 1 kleiner Zucchino | 50 g Gouda |
25 g Cabanossi | 4 EL Ketchup | Salz | Pfeffer |
Paprikapulver | Majoran | 4 Toasties

**Für 4 Personen | ⊕ 15 Min. Zubereitung
Pro Portion ca. 170 kcal, 8 g EW, 6 g F, 20 g KH**

1   Backofen auf 200° (Umluft 180°) vorheizen.

2   Paprika und Zucchino waschen und in kleine
Würfel schneiden. Käse und Cabanossi ebenfalls
würfeln. Alles in einer Schüssel mit Ketchup mischen. Mit Salz, Pfeffer, Paprikapulver und Majoran
würzen.

3   Den Mix auf den Toasties verteilen und in ca.
8 Min. im Ofen (Mitte) überbacken.

INFO
Toasties sind flache, runde Toastbrötchen. Das Rezept
funktioniert natürlich auch mit normalem Toastbrot.

Tuna-Toast

4 Scheiben Vollkorntoastbrot | 4 TL Tomatenmark |
1 Frühlingszwiebel | 2 EL Mais (50 g) | 1 kleine
Dose Tunfisch (im eigenen Saft, 190 g) |
1 EL Schmand | 1 Kugel Mozzarella

**Für 4 Personen | ⊕ 10 Min. Zubereitung
Pro Portion ca. 230 kcal, 20 g EW, 9 g F, 15 g KH**

1   Backofen auf 200° (Umluft 180°) vorheizen.
Toast mit Tomatenmark bestreichen. Frühlings-
zwiebel putzen, sehr klein schneiden und auf den
Toasts verteilen.

2   Mais mit dem Tunfisch und dem Schmand
mischen und ebenfalls auf die Toasts geben.
Mozzarella in dünnen Scheiben darauf verteilen.
Im Ofen (Mitte) in 8 Min. überbacken.

VARIANTE
Sie können statt Tunfisch auch Krabben verwenden.

ganz einfach | braucht etwas Zeit

Sonntagsbrötchen

Einfache Dinge sind die besten: Frische Brötchen mit Aufstrich – was gibt es Feineres fürs duftende Sonntagsfrühstück?

Zutaten für 20 Mini-Brötchen:
500 g Weizenmehl (am besten Type 550) |
¼ Pckg. Trockenhefe | 300 ml kaltes Wasser |
1 TL Salz | nach Belieben Körner und Samen
zum Bestreuen

Für 4 Personen | ⏲ 40 Min. Zubereitung |
13 Std. Gehen lassen | 12 Min. Backen
Pro Portion ca. 440 kcal, 15 g EW, 3 g F, 89 g KH

1 125 g Mehl mit der Hälfte der Hefe mischen und mit 150 ml kaltem Wasser anrühren. Über Nacht abgedeckt im Kühlen gehen lassen.

2 Am nächsten Tag restliches Mehl, Wasser, Salz und Hefe zugeben und alles mit der Küchenmaschine etwa 5 Min. gut durchkneten. Abgedeckt 1 Std. im Warmen gehen lassen.

3 Den Backofen auf 250° (Umluft 225°) vorheizen, eine Schale Wasser auf den Ofenboden stellen.

4 Teig zu Rollen formen und in 20 gleich große Stücke schneiden. Zu Brötchen formen und auf ein mit Backpapier ausgelegtes Blech setzen. Kreuzweise einschneiden, mit Mehl oder Körnern bestreuen und im Ofen auf mittlerer Schiene 12 Min. backen.

VARIANTE – SÜSSE BRÖTCHEN
Für süße Brötchen Wasser durch Milch ersetzen, nur ½ TL Salz und 3–4 EL Zucker zugeben und nach Belieben Rosinen, Schokotröpfchen oder Raspelapfel unterkneten. Brötchen vor dem Backen mit Ei bepinseln.

TIPP – KLEINE BÄCKER BACKEN MIT
Lassen Sie Ihre Kinder die Brötchen kneten und formen – das macht Spaß und trainiert obendrein die motorischen Fähigkeiten.

UND DAZU: PAPRIKACREME
3 rote Paprikaschoten waschen, Stielansätze und Kerngehäuse entfernen. Bei 600 Watt 12 Minuten in der Mikrowelle garen. Dann das Fruchtfleisch vorsichtig mit einem Löffel von der Haut schaben. Mit Tomatenmark und Pinienkernen fein pürieren. Zuletzt mit Salz, Pfeffer, Zucker und Balsamicoessig abschmecken. Die Paprikacreme ist prima für den Vorrat: Im Kühlschrank hält sie sich gut verschlossen mindestens sieben Tage.

UND DAZU: SONNENMUS
Für das Mus 100 g getrocknete Aprikosen fein würfeln. Von 1 Bio-Orange die Schale abreiben, Saft auspressen und 100 ml mit den Aprikosen mischen. 1 Stückchen Ingwer schälen und fein reiben. 200 g Tofu klein schneiden, mit allen übrigen Zutaten fein pürieren, mit Zimt abschmecken und in einem Schraubglas im Kühlschrank aufbewahren. Innerhalb von ca. fünf Tagen verbrauchen.

Süßes

Alle Kinder sind Naschkatzen. Aber was ist süß und trotzdem wertvoll? Mit süßen Sattmachern wie Kaiserschmarrn oder Grießstäbchen und leichten Desserts wie Obstsalat oder Schokopudding stillen Sie den Süßhunger Ihrer Kids auf gesunde, preiswerte und schnelle Art.

Obstsalat mit Joghurt-Sahne

1 Charentais-Melone
500 g weiches Obst der Saison
50 g Pinienkerne
2 EL Kokosflocken
1 Becher Sahne (200 ml)
1 Päckchen Vanillezucker
1 Becher Vanillejoghurt (150 g)

Für 4 Personen | 20 Min. Zubereitung
Pro Portion ca. 405 kcal, 6 g EW, 30 g F, 28 g KH

1 Die Melone einmal teilen, die Kerne entfernen und das Fruchtfleisch mit einem Eislöffel so herausschaben, dass die Schale dabei nicht zerstört wird. Das Fruchtfleisch in 1 cm große Würfel schneiden.

2 Das restliche Obst gut waschen und entsprechend kleinschneiden. Alles Obst in einer großen Schüssel gut durchmischen und in den Melonenschalen anrichten. Was nicht mehr reinpasst, kommt in kleine Schalen.

3 Die Pinienkerne in einer beschichteten Pfanne ohne Fett kurz rösten, Kokosflocken für ein paar Sekunden zugeben. Beides gleichmäßig über dem Obstsalat verteilen.

4 Für die Joghurt-Sahne die Sahne zusammen mit dem Vanillezucker mit dem Handrührgerät steif schlagen. Vanillejoghurt gut durchrühren und kurz bevor die Sahne richtig steif wird, langsam einfließen lassen. Zum Obstsalat servieren.

VARIANTE

Statt Pinienkernen und Kokosflocken können Sie auch andere Nüsse und Kerne, z. B. Sesamsamen, Kürbiskerne, gehackte Mandeln oder Walnüsse verwenden. Für Erwachsene den Salat mit einem Schuss Orangen- oder Kokoslikör verfeinern.

vitaminreich

Erdbeerschmarrn

Die Knusperüberraschung bringt einen Hauch Schokoaroma.

500 g Erdbeeren
1 Päckchen Vanillezucker
4 Eier
2 EL Zucker
250 ml Milch
120 g Mehl
75 g Schokomüsli
1 Prise Salz
1 Spritzer Zitronensaft
Butter | Puderzucker zum Bestäuben
Für 4 Personen | ⏲ 25 Min. Zubereitung
Pro Portion ca. 425 kcal, 15 g EW, 16 g F, 55 g KH

1 Erdbeeren waschen, putzen und halbieren. Mit Vanillezucker mischen und abgedeckt ziehen lassen.

2 Eier trennen. Eigelbe mit Zucker cremig rühren, Milch, Mehl und das Müsli unterrühren. Eiweiße mit Salz und Zitronensaft steif schlagen und unterheben.

3 Butter in einer großen Pfanne erhitzen und die Hälfte des Teiges bei kleiner Hitze 5 Min. braten, wenden und nach 2–3 Min. mit Holzlöffeln in Stücke reißen und rundherum goldbraun braten.

4 Die zweite Hälfte des Teiges genauso backen. Mit Puderzucker bestäuben. Erdbeeren dazu servieren.

VARIANTE – OBSTSCHMARRN
Statt Erdbeeren schmeckt auch anderes Obst zum Schmarrn. Im Winter tiefgekühlte Beeren oder abgetropfte Kirschen aus dem Glas verwenden.

preiswert

Apfelschiffchen

Mit diesen Schiffchen landen Sie bei Ihren Kindern genau richtig.

120 g Mehl
50 g Früchtemüsli
1 Prise Salz
2 Eier
125 ml Buttermilch
etwas Mineralwasser
4 säuerliche Äpfel (z. B. Boskop)
Rapsöl zum Braten
2 EL Zucker
etwas Zimt zum Bestreuen
Für 4 Personen | ⏲ 30 Min. Zubereitung
Pro Portion ca. 400 kcal, 9 g EW, 16 g F, 55 g KH

1 Mehl, Müsli, Salz, Eier, Buttermilch und Mineralwasser gründlich miteinander vermischen. Den Teig 15 Minuten zum Ausquellen stehen lassen.

2 Inzwischen die Äpfel waschen und vierteln, die Kerngehäuse herausschneiden. Die Viertel in fingerdicke Spalten schneiden.

3 Etwas Öl in einer Pfanne erhitzen. Die Apfelspalten portionsweise durch den Teig ziehen und bei mittlerer Hitze von beiden Seiten goldbraun ausbacken. Auf Küchenpapier entfetten und noch heiß mit Zimt-Zucker bestreuen. Dazu passt die Joghurt-Sahne von Seite 48 oder Vanillesoße.

VARIANTE – ANANASSCHIFFCHEN
Schmeckt auch sehr lecker mit frischen Ananasspalten anstelle der Äpfel .

oben: Apfelschiffchen | unten: Erdbeerschmarrn

Süßes zum Sattessen

Rhabarber-Eierkuchen mit Zimt-Quark

Welches Kind liebt sie nicht, die luftigen Kuchen aus der Pfanne? Zusammen mit dem Quark wird der fruchtige Eierkuchen zur vollwertigen Mahlzeit.

500 g Rhabarber (ersatzweise Äpfel)
3 Eier | 100 g Mehl
80 g zarte Haferflocken
300 ml Milch | etwas Mineralwasser
1 Prise Salz
Butter zum Braten
250 g Quark | 100 ml Milch
2 EL flüssigen Honig | etwas Zimt
Puderzucker zum Bestäuben

Für 4 Personen | ⏲ 30 Min. Zubereitung
Pro Portion ca. 430 kcal, 22 g EW, 17 g F, 48 g KH

1 Rhabarber waschen, die Enden entfernen, den Rest in ca. 2 cm große Stücke schneiden. (Äpfel in dünne Spalten schneiden.)

2 Die Eier trennen. Eigelbe mit Mehl, Haferflocken, Milch und etwas Mineralwasser zu einem dicken Teig rühren. Eiweiße mit einer Prise Salz steif schlagen und vorsichtig unter den Teig ziehen (Bild 1).

3 1 TL Butter in einer Pfanne (24 cm ⌀) zerlassen. Mit Rhabarberstückchen locker auslegen und diese kurz dünsten (Bild 2). 1 kleine Kelle Teig darüber geben und den Pfannkuchen ca. 4 Min. braten (Bild 3), mit Hilfe eines flachen Topfdeckels wenden (Bild 4) und weitere 3 Min. braten.

4 Im Backofen bei 100° (Umluft 90°) warmhalten und nach und nach aus dem restlichen Rhabarber und Teig weitere Pfannkuchen backen.

5 Quark mit Milch, Honig und etwas Zimt glatt rühren. Pfannkuchen mit Puderzucker bestäuben und mit dem Quark servieren.

VARIANTE – PIKANTE PFANNKUCHEN
Rhabarber durch gekochte Schinkenstreifen ersetzen, nach dem Wenden mit Reibekäse bestreuen, mit Deckel abdecken und fertig backen. Dazu gibt's Salat.

INFO
Es gibt zwei Pfannkuchenarten: die eher dicke Art (wie im Rezept), wo Süßes, Fruchtiges oder Pikantes mit eingebacken wird und die dünne Crêpe-Art (siehe »CLEVER«), die man mit Soßen und Ragouts füllen kann. Für 4 Personen empfehle ich die dicke Variante, weil Sie sonst ewig in der Küche stehen.

TIPP – PFANNKUCHEN KOMPAKT
Der Pfannkuchen wird etwas kompakter, wenn Sie die Eier im Ganzen verrühren und den Teig mit dem Mineralwasser aufschäumen.

WENDE-TRICK
Dicke Pfannkuchen lassen sich am besten wenden, indem man sie auf einen flachen Topfdeckel gleiten lässt, etwas Fett in die Pfanne gibt und den Kuchen in einem Rutsch hineinstürzt.

CLEVER – CRÊPES
Für Crêpes den Teig mit Mineralwasser etwas dünner machen und 1 Tag abgedeckt bei Zimmertemperatur stehen lassen: Dann beginnt er leicht zu gären und wird dadurch locker.

SÜSSES

schnell | Klassiker

Milchreis mit Kirschen

*Mit vorgekochtem Schnellkoch-Milchreis
ist er blitzschnell fertig.*

1 Glas Schattenmorellen (Füllmenge 680 g)
ca. 200 ml Kirschsaft
2 gehäufte EL Speisestärke
3 EL Zucker
1 Bio-Zitrone
1 l Milch | 1 EL Butter
1 Prise Salz
250 g Schnellkoch- Milchreis

Für 4 Personen | ⊚ 25 Min. Zubereitung
Pro Portion ca. 595 kcal, 14 g EW, 11 g F, 107 g KH

1 Kirschen abtropfen lassen, Saft dabei auffangen
und mit Kirschsaft auf 500 ml auffüllen. Stärke und
1 EL Zucker mit 5 EL Saft anrühren. Restlichen Saft
aufkochen, Stärke einrühren und köcheln lassen,
bis die Sauce gebunden ist. Kirschen zugeben.

2 Von der Zitrone die Schale abreiben und zur
Milch geben. Alles zusammen mit Butter, 2 EL Zucker und Salz aufkochen. Milchreis einstreuen und
unter Rühren 2 Min. köcheln lassen.

3 Milchreis zusammen mit den Kirschen servieren.

VARIANTE
Statt Kirschen Zwetschgenkompott, Apfelmus oder Obstsalat zum Reis reichen.

INFO
Schnellkoch-Milchreis bekommen Sie in gut sortierten
Supermärkten. Er ist vorgedämpft und deshalb so schnell
fertig. Mit normalem Milchreis dauert es ca. 40 Min.

braucht etwas Zeit | raffiniert

Beerige Knusperstäbchen

*Sie sehen aus wie Fischstäbchen, sind
aber vanillig-süß und knusper-zart.*

750 ml Milch | 1 Prise Salz
180 g Grieß (besser: Vollkorngrieß)
3 EL gemahlene Walnüsse
2 Eier | 2 Päckchen Vanillezucker
500 g gemischte Beeren | 2 EL Zucker
Rapsöl zum Braten

Für 4 Personen
⊚ 25 Min. Zubereitung | 30 Min. Abkühlen
Pro Portion ca. 530 kcal, 16 g EW, 25 g F, 61 g KH

1 Milch salzen und zum Kochen bringen. Grieß und
Nüsse mit einem Schneebesen einrühren, aufkochen
und bei kleiner Hitze unter Rühren in etwa 2 Min.
ausquellen lassen. Anschließend vom Herd nehmen.

2 Eier trennen. Eiweiße miteinander verquirlen
und beiseite stellen. Eigelbe mit Vanillezucker unter
den Grießbrei rühren. Die Masse in eine feuchte
Auflaufform (ca. 29 x 20 cm) geben und glatt streichen. Mit Frischhaltefolie bedecken und glätten.
30 Minuten auskühlen lassen.

3 Beeren waschen und mit Zucker mischen.

4 Grießfladen aus der Auflaufform stürzen und in
10 x 2 cm große Schnitten schneiden. Im Eiweiß
wenden und im heißen Öl in einer Pfanne portionsweise goldbraun ausbacken. Auf Küchenpapier abtropfen lassen. Mit den Beeren servieren.

VARIANTE – SCHOKOSTÄBCHEN
Für Schokostäbchen 1 EL Kakaopulver unter die Grieß-
masse rühren.

oben: Milchreis mit Kirschen | unten: Beerige Knusperstäbchen

Schokopudding

4 EL Speisestärke | 400 ml Milch | 1 EL Zucker |
1 EL Kakaopulver | 50 g Schokoladenreste |
150 g Sahne | 150 g Vanillejoghurt

Für 4 Personen | ⓘ 15 Min. Zubereitung
Pro Portion ca. 320 kcal, 7 g EW, 21 g F, 27 g KH

1 Stärke mit 100 ml Milch verrühren. Restliche
Milch mit Zucker, Kakaopulver und Schokolade aufkochen. Stärke mit einem Schneebesen einrühren
und 2 Min. unter Rühren kochen. In Schälchen füllen
und kalt stellen.

2 Für die Vanillesoße die Sahne steif schlagen,
den Joghurt langsam zugeben und dabei weiter-
schlagen. Zusammen mit dem Pudding servieren.

HAUT-WEG-TIPP
Ihre Kinder hassen Haut auf dem Pudding? Sofort nach
dem Einfüllen Frischhaltefolie direkt auf die Oberfläche
legen.

Marmorquark

350 g Magerquark | 150 g Joghurt | 400 g weiches,
süßes Obst der Saison | 1 Päckchen Vanillezucker

Für 4 Personen | ⓘ 15 Min. Zubereitung
Pro Portion ca. 120 kcal, 14 g EW, 2 g F, 14 g KH

1 Magerquark mit dem Joghurt cremig aufschlagen.

2 Obst waschen, wenn nötig schälen und mit dem
Vanillezucker pürieren. Mit einer Gabel spiralförmig
unter den Quark ziehen und servieren.

VARIANTE
Für Stracciatellaquark 4 El Schokoraspel unterziehen.
Schmeckt besonders lecker, wenn Sie Vanillequark und
-joghurt verwenden. Feiner, aber auch gehaltvoller wird
der Quark, wenn Sie statt dem Joghurt 150 g geschla-
gene Sahne unterziehen.

TIPP – NATÜRLICH SÜSS
Natürlich süß wird der Quark, wenn Sie mit dem Obst
eine reife Banane pürieren.

Entengrütze

½ l Multivitaminsaft | 2 Beutel Gelatine-fix (Instant-Gelatine) | 500 g Beeren (z. B. Erdbeeren, Himbeeren, Stachelbeeren) | 2 EL Honig

Für 4 Personen | ⊚ 15 Min. Zubereitung
Pro Portion ca. 115 kcal, 3 g EW, 1 g F, 24 g KH

1 Saft mit den 2 Beuteln Gelatine-fix verrühren. In vier Gläser füllen und etwa 2 Std. im Kühlschrank gelieren lassen.

2 Beeren waschen, verlesen und mit dem Honig mischen. Die kalte Wackelspeise stürzen und mit den Beeren anrichten.

VARIANTE – SOMMERGRÜTZE

250 g Beeren waschen, verlesen und putzen. 1 Glas Kirschen abtropfen lassen, Saft auffangen, evtl. mit Apfelsaft auf 400 ml auffüllen. 40 g Perlgraupen zugeben, aufkochen, 10 Min. zugedeckt köcheln lassen. Obst damit übergießen, vorsichtig mischen.

Knecht Ruprecht

4 Äpfel | 100 g schlichte, braune Lebkuchen | 2–3 EL Aprikosenkonfitüre

Für 4 Personen | ⊚ 10 Min. Zubereitung
Pro Portion ca. 195 kcal, 2 g EW, 2 g F, 46 g KH

1 Backofen auf 200° (Umluft 180°) vorheizen.

2 Äpfel waschen. Die Kerngehäuse großzügig ausstechen. Lebkuchen mit der groben Seite der Küchenreibe raspeln. Mit der Konfitüre mischen und in die Äpfel stecken.

3 In einer flachen Auflaufform im Ofen (Mitte) ca. 20 Min. braten. Warm servieren. Besonders lecker mit der Joghurt-Sahne von Seite 49.

BLITZ-VARIANTE

Noch schneller: Jeden Apfel mit 2 Marzipankartoffeln füllen. Für Müsli-Bratäpfel statt der Lebkuchen 10 EL Müsli mit der Konfitüre mischen. Etwas herber wird es mit Johannisbeer- statt Aprikosenkonfitüre.

kinderleicht

Clafoutis

Kuchen oder Nachtisch? Egal! Das locker-luftige Gebilde aus Pfannkuchenteig schmeckt herrlich süß. Das Obst bringt die nötige Frische.

500 g Zwetschgen
4 Eier
50 g Zucker
150 g Mehl
50 g Haferflocken
200 g Joghurt
abgeriebene Schale von 1 Bio-Zitrone
⅛ l Buttermilch
Salz
etwas Puderzucker zum Bestäuben

Für 1 Auflaufform (mind. 1,5 l)
Für 4 Personen | ⏲ 20 Min. Zubereitung
Pro Portion 410 kcal, 16 g EW, 10 g F, 64 g KH

1 Backofen auf 200° (Umluft 180°) vorheizen. Zwetschgen waschen, halbieren und entkernen.

2 Eier trennen. Eigelbe mit Zucker, Mehl, Haferflocken, Joghurt und Zitronenschale mit dem Handrührgerät schaumig rühren. Zuletzt die Buttermilch unterrühren.

3 Eiweiße mit 1 Prise Salz steif schlagen und unter den Teig heben. Alles in eine gefettete Form füllen, mit den Zwetschgenhälften belegen (gewölbte Seite nach oben) und ca. 30 Min. backen. Mit etwas Puderzucker bestäubt servieren.

VARIANTE – WAFFELN
Schneller ist kein Gebäck! Fast der gleiche Teig wie für Clafoutis – Butter macht ihn locker und luftig. Für die Waffeln 50 g Butter mit 2 EL Zucker schaumig schlagen. Nach und nach 2 Eier unterrühren. 100 g Mehl, 60 g zarte Haferflocken, 150 g Joghurt und ⅛ l Milch oder Buttermilch zugeben. Den Teig 15 Min. quellen lassen. Nicht vergessen: Waffeleisen etwas fetten, bevor Sie es in Betrieb nehmen! Statt Joghurt können Sie auch Schokostückchen in den Teig mischen. Allergiker können die Milch durch Saft ersetzen.

VARIANTE – SCHOKOMUFFINS
Sie sind immer ein Hit. Für 12 Stück 250 g Mehl, 2 TL Backpulver, ¼ TL Natron, ¼ TL Salz, 5 EL Kakaopulver und 75 g Raspelschokolade mischen. Backofen auf 190° (Umluft 170°) vorheizen. 2 Eier mit 100 g Zucker, 100 g zimmerwarmer Butter und 250 g Buttermilch verquirlen. Mehlmix zügig unterrühren. Die Mulden eines Muffinblechs mit Papierförmchen auskleiden und den Teig gleichmäßig einfüllen. Im Ofen (Mitte) 25–30 Min. backen. Die fertigen Muffins mit Puderzucker bestäuben oder mit Schokoladenguss überziehen.

TIPP – SAISONUNABHÄNGIGE LECKEREI
Obst nach Geschmack und Saison austauschen. Im Winter TK-Beeren oder abgetropfte Kirschen aus dem Glas verwenden.

Zum Gebrauch
Damit Sie Rezepte mit bestimmten
Zutaten noch schneller finden können stehen in diesem Register zusätzlich auch beliebte Zutaten wie
Nudeln oder **Kartoffeln** – ebenfalls
alphabetisch geordnet und **hervor-
gehoben** über den entsprechenden
Rezepten.

DIE GU-QUALITÄTS-GARANTIE

Liebe Leserin, lieber Leser,
wir möchten Ihnen mit den Informationen und Anregungen in diesem Buch das Leben erleichtern und Sie inspirieren, Neues auszuprobieren. Alle Informationen werden von unseren Autoren gewissenhaft erstellt und von unseren Redakteuren sorgfältig ausgewählt und mehrfach geprüft. Deshalb bieten wir Ihnen eine 100 %ige Qualitätsgarantie. Sollten wir mit diesem Buch Ihre Erwartungen nicht erfüllen, lassen Sie es uns bitte wissen. Sie erhalten von uns kostenlos einen Ratgeber zum gleichen oder ähnlichen Thema. Wir freuen uns auf Ihre Rückmeldung, auf Lob, Kritik und Anregungen, damit wir für Sie immer besser werden können.

GRÄFE UND UNZER Verlag
Leserservice
Postfach 86 03 13
81630 München
E-Mail:
leserservice@graefe-und-unzer.de

Telefon: 00800 / 72 37 33 33*
Telefax: 00800 / 50 12 05 44*
Mo–Do: 8.00–18.00 Uhr
Fr: 8.00–16.00 Uhr
(* gebührenfrei in D, A, CH)

Ihr GRÄFE UND UNZER Verlag
Der erste Ratgeberverlag – seit 1722.

Projektleitung: Monika Greiner
Lektorat: Margarethe Brunner
Layout, Typografie und Umschlaggestaltung: independent Medien-Design, Horst Moser, München
Satz: Uhl + Massopust, Aalen
Herstellung: Martina Ruhland
Reproduktion:
Repro Ludwig, Zell am See
Druck und Bindung:
Schreckhase, Spangenberg
Syndication: www.jalag-syndication.de

ISBN 978-3-8338-0311-6

9. Auflage 2014

Umwelthinweis:
Dieses Buch ist auf PEFC-zertifiziertem Papier aus nachhaltiger Waldwirtschaft gedruckt.

 www.facebook.com/gu.verlag

GRÄFE
UND
UNZER

Ein Unternehmen der
GANSKE VERLAGSGRUPPE

Die Autorin

Dagmar von Cramm ist Diplom-Ökotrophologin, in Funk und TV gefragte Ernährungsexpertin und Mutter von drei Söhnen. Gesunde Kinderernährung und abwechslungsreiche Familienküche sind ihr absolutes Spezialgebiet. Niemand weiß besser, was Kindern wirklich schmeckt!
www.dagmarvoncramm.de
http://www.facebook.com/dagmarvoncramm

Die Fotografin

Barbara Bonisolli beschäftigt sich seit Jahren mit Ess- und Trinkbarem. In ihrem Studio am Münchner Viktualienmarkt fotografiert die leidenschaftliche Köchin für Bücher, Magazine und Kampagnen.

Bildnachweis:

Titelfoto: Joerg Lehmann, Paris; alle anderen: Barbara Bonisolli, München

Titelbildrezept:

Möhrennudeln mit Bällchen von Seite 12.

Die Temperaturangaben bei Gasherden variieren von Hersteller zu Hersteller. Welche Stufe Ihres Herdes der jeweils angegebenen Temperatur entspricht, entnehmen Sie bitte der Gebrauchsanweisung. Bei Elektroherden können die Backzeiten je nach Herd variieren.

Gesunder Start in den Tag

Mit einem feinen Frühstück gelingt der Start in den Tag ganz locker. Frühstücksmuffel nehmen wenigstens einen Joghurtdrink.

Unser Körper verbraucht nicht nur tagsüber, sondern auch nachts jede Menge Energie: Der Stoffwechsel läuft auf Sparflamme weiter, unser Herz schlägt, unsere Lungen atmen und die Körpertemperatur muss gehalten werden. In erster Linie werden dazu die Kurzenergiespeicher in Muskeln und Leber geleert. Dabei wird »Glycogen« verbraucht. Das ist ein Kohlenhydrat. Beim Frühstück sollte es wieder aufgetankt werden. Ideal ist ein Mix aus:

* Getreide
* Milch oder Milchprodukten
* Obst oder Gemüse

Im Getreide sind die nötigen Kohlenhydrate enthalten. Im vollen Korn zusätzlich Ballaststoffe, die die Verdauungszeit verlängern und dafür sorgen, dass die Energie länger und stetiger fließt. Milch oder andere Milchprodukte wie Joghurt, Käse und Quark ergänzen sich mit dem Getreide-Eiweiß zu einer hohen biologischen Wertigkeit. In Obst und Gemüse stecken viele Vitamine, die unser Immunsystem stärken und damit vor Krankheiten schützen. Ideal wäre also ein Müsli. Wenn Ihr Kind das nicht mag, geben Sie ihm ein Glas frisch gepressten Saft oder ein paar Kirschtomaten und ein Käsebrot – am besten natürlich aus Vollkorn.

Wenn Ihr Kind morgens partout nichts essen will, sollte es zumindest ein Glas Milch, Kakao, Trinkjoghurt oder Tee trinken. In diesem Fall sollte das zweite Frühstück im Kindergarten oder in der Schule etwas üppiger ausfallen.

Unsere Leistungsfähigkeit ist nicht den ganzen Tag gleich. Besonders zwischen Frühstück und Mittagessen fallen Kinder leicht in ein Leistungstief und die Konzentration lässt nach. Ein Pausenbrot kommt da gerade recht.

1 Fragen Sie Ihr Kind, was es mag – auch Kinder ändern ihre Vorlieben ab und zu und wollen nicht tagaus, tagein die gleiche Stulle.

2 Ein nicht zu fett belegtes (Vollkorn-)Brot mit Käse oder magerem Schinken ist eine ideale Zwischenmahlzeit und viel gesünder als ein Riegel.

3 Ein Salatblatt zwischen den Brotscheiben, mal Tomatenmark oder Senf statt Butter, eine Raspelmöhre mit Frischkäse halten das Schnittchen saftig.

4 Kleine Überraschungen machen Freude: Eine Knabbermöhre, ein Mini-Käse, eine Radieschenmaus, Knuspermandeln oder die geliebten Kapstachelbeeren tun außerdem gut.

5 Ihr Kind mag es süß? Mischbrot mit Nussnougatcreme ist ok, wenn es dazu noch rohes Obst gibt. Oder backen Sie mal Müslimuffins.

6 Morgens keine Zeit? Sie können das Brot am Vorabend belegen, wenn Sie es luftdicht einpacken und im Kühlschrank lagern.

7 Nicht vergessen: das Getränk. In einer Trinkflasche genügend Wasser, Saftschorle oder ungesüßten Tee mitgeben. Ein Viertel Liter sollte es schon sein.